# 說義

葉無知 著

# 作者序一

道德經說世間一切萬物皆為道之所生，然探研道者，自老子後，無有多人見道，多數不能知云何萬法為道生。古來聖賢唯有取道之德而効行之，尚不及於道生萬法之機理。萬法源自道家所謂精、氣、神也！精者，細微原素也！所謂組成萬法之地、水、火、風四大元素也！此原素乃一切物質現象的基礎，大至肉眼所能見，小至肉眼不能見之極微。氣者，功能動量也！原素依靠此一功能動量而組合、分離，乃至轉換時空。即此（氣）是為道之（用）也！神者，狀相態貌也！功能動量將四大元素變異已，即形成各種相貌及狀態。

是故，古今學道者，皆以練氣來改善身體地、水、火、風等原素，以期獲得最佳狀相態貌，乃至長生不老，實在謬誤之極！（氣）之所成，源自眾生如來佛性，亦即所謂道之（德）也！

人若無有好的道德，其所造業力即是惡氣。由此自己造作之氣為因，四大元素為緣，即生種種狀相態貌的果報。即此，是道生萬法的（德）行，是不變的因果現象。即此，是唯識不變的真理。即此符合了唯心所造的銘言。慎守道德者，學習道生萬法而不占為己有、不求回報、不驕矜自滿、不好大喜功……。

若是不能清楚明白此中道理，謂為無明。無明則氣不善；氣不善則令精不善；精不善則神不能善。是故，無明者，神不能明，若要神明，須除無明。眾生不必要求（神明）保佑，福禍業力所成，眾生皆為芻狗！欲除無明，唯有向善一途。云何為（善）？善者，明白事理也！例如：善於理財、善於待人接物……是故，（善）乃平常自然的道理。

世人無知，時常表揚善人善舉，頒獎贈禮，實在不應道理。眾生來此世間受苦，乃因其精本在、其神已定、其氣尚未至善故。今得聽聞（道）理，更應向善（學正知），早日見道。時值佳節，節氣盛然，人氣亦然，老夫有感而言，盼共勉之！

二〇一六年　無知　寫

# 作者序二

中華文化歷史悠久，除五族共和之外，並將儒、釋、道三家的學說，揉合而成為眾所共識的思想觀念。其影響力貫穿百千年而不移，皆因我中華民族崇尚忠孝節義的道德觀念所致。

忠孝節義者，即古先賢所教說之仁義道德也！

老子講道德，孔孟講仁義。故有四書五經流傳後世，而令今人效法瞻仰。

後人稱孔孟為儒家思想之代表；老莊則為道家思想之代表。即此二者，有密切關連，且是我本有之民族文化思想。釋迦牟尼的佛學思想，是後來從印度傳入中國的外來思想。

佛學的釋家思想雖是外來的觀念，但其本質及寓義，與儒家、道家思想並不相違，所以立刻能夠融入中華文化的思想體系，令流傳至今。

依歷史記載，中華文化之起源，是炎、黃治理天下之際，距今已有五千年之久。

爾時，為助益眾生故，多有能人出世教導維生之計。例如：
螺祖教人養蠶抽絲，搓繩結網，乃至服飾……。
燧人氏教人鑽木取火，燃脂生光，乃至熟食……。
有巢式教人架樹造屋，遠離猛獸，乃至安居……。
神農氏教人耕作漁獵，擇物而食，乃至醫療……。
伏羲氏教人觀天運行，辨測方位，乃至占卜……。

此中以伏羲氏所創陰陽八卦，最為民族文化之根。傳說上天為幫有德之人教化眾生，使龍馬背一圖象現出於黃河之中，後稱「河圖」。又令神龜負一文書現出於洛水之中，後稱「洛書」。易經中曰：「河出圖；洛出書，聖人則之。」

伏羲氏依「河圖」及「洛書」內容而繪制陰陽八卦，並教人民觀察天象，訂定節氣，理制方位、宮數……。

依此從事生活，經營農、漁、牧等業。

伏羲氏的八卦學理傳至周朝時，周文王姬昌依八卦學理，著作《周易》一書，即今《易經》本源。

周文王對於八卦學理作了評述，在他的易經中曾說：「通神明之德，類萬物之情，是故知幽明之故，原始返終，故知死生之說。」又說：「天行健，君子以自強不息；地勢坤，君子以厚德載物。」從觀察天地萬物的現象上，去深究原因，終於明白了生死的道理。進而發覺人應效法天地滋養萬物不求回報的仁厚精神。就此，依

「伏羲卦」衍申的《易經》，注入了「仁義」的內涵，教說君子應有道德的觀念。

周文王之子姬旦——周公，依易經道理，作「爻辭」。並身體力行，仁德勤政，並作禮制樂，令孔子佩服不已。

由「八卦」到《易經》，然後傳至春秋戰國時，老子精研其中「作人處事」之道理，並由此「人道」、「天道」互輔的運行中，思惟出一套偉大的哲學觀，並著寫了一部《道德經》問世。

同時，孔子在鑽研《易經》之餘，亦曾請教老子無為而為之道，增益其「天倫」及「人倫」之綱常，並著作《倫語》等書。孔子受《易經》影響甚深，他喜好《易經》的程度，可從《史記》一書窺見一斑，史記說：「夫子老而好（易），居則在席，行則在囊。」意思是說「孔子一生到老都喜好《易經》，睡覺時把書放在枕邊，出門時把書放在行囊之中。」

如是「八卦」衍申的傳承，奠定了文化哲學觀念。時間、人物、朝代的變遷，並未影響中華民族對仁義道德的背離。

這是中華文化的本有，佛法的思想是在秦漢時，才由印度傳入中土的。

但大乘般若的佛學思想，應說是在唐代時，藉由玄奘菩薩之西天取經後，始傳入我國並發揚光大的。

般若佛學的中觀思想，是佛教導菩薩尋求真理已，依無為法修行，並不計較自我的幫助眾生脫離苦海，即此為大乘菩薩所觀行之「道」也！

中華民族本有的中心思想，是聖賢教導國王及人民如何效法天地之「道」，心存仁義而「無為而為」。

天地養育滋長萬物而不求回報，恒時不斷其功德，聖賢以此為「道」，說名「無為而為」。即此「無為而為」與般若經中所說「無住生心」，同乎？異乎？

以上二者觀念相同，思想無異故，自然而然能夠融合在一起，形成中華民族之文化思想。今就《道德經》一書，解說其義，令讀者將之與佛法相較，嘗試能否看出端倪。特此為序。

二〇一六年　無知　寫

# 目錄

# 第一章

道可道，非常道；名可名，非常名。無，名天地之始；有，名萬物之母。故常無，欲以觀其妙；常有，欲以觀其徼。此兩者同出而異名，同謂之玄。玄之又玄，眾妙之門。

**疏：**

世間可以說明白的道理，都不是永遠不變的道理；那些可以形容並冠以名稱的事物，也不是永遠可以保存其名的。

所謂的「無」，它就是形成天地的源頭。

所謂的「有」，亦即萬物生滅變異的原因。

因此應當藉由「無」來觀察其深奧之處；同時從「有」上面去體會領悟出端倪。

「無」與「有」來自同一體性，只是名稱不同而已，一樣令人難知難解，玄妙深遠。

這箇玄妙深遠又再深遠玄妙的「道」，就是令天地萬物巧妙變化的門徑也！

解：

老子所指的「道」，非一般人所說的生活人情之道理，因為常人的道理會受人、事、物及時間、空間影響而改變，不是恒、常、不變的道理；同理，世間所有能以名稱形容的現象，也一樣不是永恒的。因為這些現象變化多端，一旦起了變化，就必須用不同的名稱來形容了。

恆常的真理——道，不能形容因為不是一般人能理解的道理。因為這箇「道」，既「無」且「有」，兩者同在。

「無」的意思是看不見、摸不到。天地混沌未開之前它就存在了。「有」的意思是雖看不見、摸不到；但是有能滋養孕育萬物的力量在作用著。

這股看不見的力量，令宇宙運行、萬物生滅，依循著規律與次序在永遠不停持續著，謂之「道」也！

所以修學此「道」，須從「有」「無」下手切入觀察體驗，悟出道理。即此「有」「無」的真理，非言說、臆測能證得，故說其妙不可言喻，唯證乃知，是眾妙之門矣！

## 第二章

天下皆知美之為美，斯惡已；皆知善之為善，斯不善已。故有無相生，難易相成，長短相刑，高下相傾，音聲相和，前後相隨。

是以聖人處無為之事，行不言之教，萬物作焉而不辭，生而不有，為而不恃，功成而弗居。

夫唯弗居，是以不去。

**疏：**

天下人都知道「美」之所以能成為「美」的原因，乃是由於有「醜」存在才能比較；也都知道「善」之所以能成為「善」，乃是因為有「不善」的存在才能分別。

因此有、無互相轉化生成；難、易互相形成；長、短互相顯現；高、低互相充實；音、聲互相諧調；前、後互相接續。

所以聖人就是依此相對事物，悟得中庸無為道理來處世，幫助教化眾生時，不是口頭禪之言說而已。聽任自然，就像萬物生滅來去而不拒絕一樣，生成之後不占為己有、做了以後也不認為能幹、成功之後亦不自居。

正是由於如此這般的不自居及無所得，所以就沒有所謂「失去」什麼了！

解：

大家都知道世間的事物，都因凡人的眼光而產生相對的形形色色。聖人則不以為然，並體會到所以然，是故，對待一切不恒常的事物，不妄下定論，而採取所謂的無為中庸之道，方符合「道」的真理。幫助他人時，不用說教的方式，要像大自然之隨順因緣，來去皆不拒。

即使「有」的時候，也不認為自己擁有什麼；雖然作成了，也不認為自己很行、很能幹，而自居功勞。

就是這樣無所謂的不自居功勞，所以當然就沒有所謂的「失去了什麼」。真無所得者，即無所失也！

「道」者，如斯矣！

# 第三章

不尚賢，使民不爭；不貴難得之貨，使民不為盜；不見可欲，使民心不亂。

是以聖人之治，虛其心，實其腹，弱其志，強其骨。常使民無知無欲，使夫知者不敢為也。為無為，則無不治。

**疏：**

不去特別推崇有能力才華的人，就導致老百姓不會爭權奪利；不去強調那些稀有東西的貴重，就讓老百姓不行偷盜；不去顯耀足以令人引生貪念的事物，就能令民心不受迷亂。

因此聖人教導百姓的方法，應先除去百姓的心機，令他們肚子溫飽，削減那些爭奪的意圖，增強他們的筋骨體魄。經常使他們天真無邪及無愛染的欲求，致使那些有巧智才華的人也不敢隨便亂來。聖人依照「無為」的道理去作，順應自然，那麼天下就不會不太平了。

**解：**

老子生活在春秋戰國，各霸主據守一方，力主「尚賢」，其實是為鞏固自已的權勢而已。老子心知肚明，於此章中，強調君主治國之道，應隨順「道」理，無為而治理天下，則天下太平矣！

即此道理，流傳至今，時人應多效法學習之。

## 第四章

道沖，而用之有弗盈也。淵兮！似萬物之宗。銼其銳，解其紛，和其光，同其塵。湛兮！其若存。吾不知其誰之子，象帝之先。

**疏：**

大「道」有如虛空，但其作用卻看似沒什麼。其實是深不可測啊！它就是萬物的根源。

它能令萬物削減銳氣，排解爭紛，調合光澤。隱沒在塵土之中，清徹透明的好像存在，又像不存在。我不知道它是誰生的，恐怕是老天（天帝）的祖先吧！

**解：**

本章老子說明「道」的體性。

他說「道」冲的「冲」，可作兩種解釋。一是「盅」的意思，即器物之虛空處，是故老子喻「道」如「虛空」也。二是水往下流注連綿不絕謂「冲」。

用此「道冲」者，喻道如虛空無量，看不見、摸不到，乃道之「體」也！作用恒常綿綿不絕乃其「用」也！

「淵兮！似萬物之宗。」乃道之用。
「湛兮！其若存。」乃道之體。
「象帝之先。」即無始以來自在。
「吾不知其誰之子。」謂不由他生，不依緣而生也！
其體：「和其光、同其塵。」
其用：「挫其銳、解其紛。」

# 第五章

天地不仁，以萬物為芻狗；聖人不仁，以百姓為芻狗。

天地之間，其猶橐籥乎？虛而不屈，動而愈出。多言數窮，不如守中。

**疏：**

天地是沒有情感的，對待萬物就像對待祭品一樣，是不會去享用的；聖人亦應當如此，對待百姓，任憑他們自作自息，不花心思去干預。

天地之間，豈不像風箱一樣嗎？雖中空而無有彎曲，越動則風越多令之不息。

政令法規太繁多的話，則人民更加困惑，且行不通，倒不如保持自自然然的。

**解：**

老子認為每個人皆應靠自己努力而生活，不應對天地神明有所求。所以他說你用祭品供獻天地是起不了作用的，天地對待每個人都一樣，該給的、不該給的，不會因祭品而改變。

有道德的人，對待百姓亦應如是。

天地之間，就像囊袋作成的風箱一樣，看起來似空虛，但是不會枯竭，一旦動起來，愈動則風愈大，生息不已也！

講究繁文縟節的，加速了「道」的行不通，還不如隨順其自然。

註：屈，窮盡。數，通「速」。橐籥：皮囊作成的風箱。

# 第六章

谷神不死，是謂玄牝。玄牝之門，是謂天地之根。

綿綿呵！其若存！用之不堇。

**疏：**

道是永恒存在的，它是奇妙的萬物之母。這箇生長萬物的產門，就是天地所有一切的根本。綿綿不絕的存在著，如此的作用無窮盡。

**解：**

此章說明「道」是不死的、永恒的。道能生長萬物、是天地的根本。

意思是沒有「道」的永恒存在，就沒有天地萬物的存在。綿綿不斷的存在，並且用之不盡。葟——盡。

## 第七章

天長，地久。天地之所以能長且久者，以其不自生也！故能長生。

是以聖人后其身而身先，外其身而身存，非以其無私邪？故能成其私。

**疏：**

天長存，地久留。

天地之所以能夠長存久留的原因，是因為它不是為自己活著，所以能永恒存在。

因此，有道的聖人遇事能退讓不爭，反而能領先眾人，作其表率。並時時刻刻將自己置身度外，反而能明哲保身，這樣子不正是因為他能無私嗎？所以其能自己成就自己。

**解：**

天地長養萬物，絕不是為了自私，所以才能永久存在。這就是老子勸說聖人應效法天地的原因，此即所謂的「道」。

聖人之所以被尊為聖人，是因為其能無私助人也！

# 第八章

上善若水，水善利萬物而不爭，處眾人之所惡，故幾於道。居，善地；心，善淵；與，善仁；言，善信；政，善治；事，善能；動，善時。

夫唯不爭，故無尤。

**疏：**

最高尚的善就像水一樣，水善於滋育萬物而沒有計較，並住留在大家都不喜歡的環境裡，所以如此最接近「道」。

最善的人，選擇最適合的地方居住；心胸平靜但深廣；對待人真誠無私；說話恪守信用；處理眾人之事，通情達理；做事情能發揮長處；行動時又能把握最好的時機。最善的人其言行舉止，正因為無私無爭的關係，所以不會造成過失及怨咎。

**解：**

老子的道德重在於無為、與世無爭之善心、善行。最「善」像水，幫助他人而不求回報，時刻處在別人最不願意接受的環境……。

一心只為別人著想，謂仁。

無私助人而不求回報，謂義。

身行合義，心行合仁，身心調合仁義俱行，是老子所說合乎「道」之「德」也！

## 第九章

持而盈之，不如其已；揣而銳之，不可長保。

金玉滿堂，莫之能守；富貴而驕，自遺其咎。

功成身退，天之道也！

疏：

執持盈滿，不如適時停止；顯露鋒芒，銳勢不能保持長久。滿屋金銀財寶，無法永遠守藏；富貴如果到了驕橫的地步，就會令自己埋下禍根。事情作圓滿成功了，就應該收斂不再居功貪位，適時退下。如此才符合自然的規律啊！

解：

持，執著不放。盈，自傲自滿。
揣，捶擊打造。銳，尖刺銳利。

上一章提到什麼事應該作，此章則說明什麼事應適可而止。是故說不可驕矜自滿、鋒芒太露。又說金玉滿堂不能久藏，富貴驕橫會留下禍害，警告世人應該不貪權位，功成則身退，這樣才能做到上善的道德標準。

世人不知功成身退故，持而盈，揣而銳。雖金玉滿堂而不能保，乃至富貴而驕，自留禍害。秦朝宰相李斯，是者印證此理無誤矣！

# 第十章

載營魄抱一，能無離乎？專氣致柔，能如嬰兒乎？滌除玄鑒，能無疵乎？愛民治國，能無為乎？天門開闔，能為雌乎？明白四達，能無知乎？

生之畜之，生而不有，為而不恃，長而不宰，是謂玄德。

**疏：**

肉體與精神結合，能夠令其調合不離嗎？
聚集精氣以致柔順，能夠像嬰兒一樣無欲嗎？
清除雜念令心如明鏡，能不能一點瑕疵都沒有？
愛民治國能依照自然無為的規律嗎？
心靈感官接觸到外界的變異無常，能夠寧靜嗎？
對人事物的理解四通八達，能不用智慧嗎？
令萬物生長並且滋養，如此長養而不占為己有，這樣作而不認為自己偉大，令萬物生生不息而不去主宰干預。這就是「道」的玄秘深邃之德行。

**解：**

此章說明吾人修身養性應有智慧，這種智慧必須合乎至善玄德。
「載」營魄抱一的「載」，無義，是助語，相當於「夫」。

營魄抱一、專氣致柔、滌除玄鑒，此三者為自身修養。修養已，小者愛民，大則能治國。

但不論愛民或治國，皆須用寧靜的心去觀察天地間大自然變化的規律，悟到「道」之「德」行謂為智慧。

## 第十一章

三十輻共一轂，當其無，有車之用。
埏埴以為器，當其無，有器之用。
鑿户牖以為室，當其無，有室之用。
故有之以為利，無之以為用。

**疏：**

三十根的輻條匯集到車輪正中的孔洞處，正因為有此中空的空間，連結車軸，車子才有作用。

搓揉陶土而成為器皿，因為器皿有中空的空間，才能產生器皿的功能。

開鑿門窗造成房屋，因為房屋有中空的空間，房屋才能使用。

所以藉「有」為便利之因，產生了「無」的功能之果。

**解：**

老子於此章說明陰陽、有無之道理。

我們凡夫所看的只是表相的「有」，聖人以有智慧故，更能深入體察到「空」才是真正生起作用的主角。

他舉車轂，亦即車輪中央的孔洞，能令車軸穿連運行的地方。及陶瓷器皿中空的地方，乃至房屋室內中空的地方。

這些地方什麼也沒有，謂之「無」或「空」。
若「空」之不存，留「有」何用？
老子思想來自八卦陰陽，可見一般，以陰陽日月變易，陰陽相生、有無相成，如是綿延不絕，作用不止，名自然之「道」。

# 第十二章

五色令人目盲；五音令人耳聾；五味令人口爽，馳騁畋獵，令人心發狂；難得之貨，令人行妨。

是以聖人為腹不為目，故去彼取此。

**疏：**

繽紛的色彩會令人眼花撩亂；吵雜的音調會令人聽覺失靈；豐富的食物會令人舌味不知；縱情奔走打獵，會使人心放蕩不可收拾；稀有的物品，會令人行為不軌。所以聖人只求吃飽肚子，而不會侈求追逐聲色之娛。因此摒棄物欲的愛染，而保持安定知足的生活。

**解：**

聖人的特質在於能清心寡欲，知足而不侈華。如此才能助人乃至治國。

老子提醒說明五色令人目盲，五色者，青黃赤白黑。五音令人耳聾，五音者，宮商角徵羽。五味令人口爽，五味者，酸甜甘辛苦。馳騁畋獵令人心狂。「畋」，同「牧」。畋獵即狩獵。難得之貨，令人行妨，「妨」，有害。

聖人必須對待五塵境界，保持一顆平靜，並且仁義的心，才有資格說是守住道德的人。

所以要去物欲，選擇清心寡欲安定知足。

# 第十三章

寵辱若驚，貴大患若身。

何謂寵辱若驚？寵為下，得之若驚，失之若驚，是謂寵辱若驚。

何謂貴大患若身？為吾有身，及吾無身，吾有何患？故貴以身為天下，若可寄天下，愛以身為天下，若可托天下。

疏：

榮寵及侮辱都會受到驚嚇，因為把榮辱看成像生命一般珍貴。什麼是榮辱像受到驚怕？為什麼？因為「得寵」是下等的一件事，得到了就驚喜慌亂，失去了就擔心受怕。所以說榮辱是像驚怕。怎麼說會把榮辱看成像生命一般珍貴呢？因為我們有身命，若到了身命沒了，我們有什麼可以害怕驚恐的？所以珍惜身命是為了治理天下，如此天下才能托付給你。重視身命也是為百姓好，這樣百姓才能依靠你。

解：

生命的價值及意義，不是追求計較個人的榮華富貴，下等人才會害怕身命的榮辱得失。上等的人，其身命是能助益他人，乃至是天下人所依賴的，如此是道之德行也！

# 第十四章

視而不見，名曰夷；聽而不聞，名曰希；搏而不得，名曰微。此三者不可致詰，故混而為一。

其上不徼，其下不昧，繩繩兮不可名，復歸於無物，是謂無狀之狀。無物之象，是謂惚恍。

迎之不見其首，隨之不見其后。

執古之道，以御今之有。能知古始，是謂道紀。

**疏：**

眼看而不能見，叫作夷；耳聽而不能聞，叫作希，手摸而不能觸，叫作微。這三者的相貌都不能夠加以追究，所以是混然為一的。從上來講並不顯得很光亮，從下來說，也不顯得陰暗，就這樣無頭無緒延綿不絕的不可形容。然後回歸到空無一物，是不可言喻的相狀，這是沒有相貌的現象，應該說是若有若無吧！面對它時看不見前頭，隨在其後時又不見它的後頭。把握早已存在的軌跡，來運用在當下具體的事實，能夠這樣發現宇宙的初始，就是認識了「道」的自然規律。

**解：**

「道」是無形無狀、難以言說的非物質之現象，雖然看不見、摸不到，但恒古以來它就存在。我們可以從天地間大自然的軌跡中細心體察，就能悟得「道」之長存法則。

# 第十五章

古之善為道者，微妙玄通，深不可識。夫不唯不可識，故強為之容。

豫兮若冬涉川；猶兮若畏四鄰；儼兮其若客；渙兮其若凌釋；敦兮其若朴；曠兮其若谷。

混兮其若濁，孰能濁以靜之徐清？孰能安以靜之徐生？保此道者，不欲盈。夫唯不盈，故能蔽而新成。

**疏：**

從古以來，對「道」能有所瞭解的人，都知道其細微奇妙深刻玄遠，深邃而難知難懂。不只是這樣深奧難懂，且只能勉強來形容它。

因此瞭解道的人，待人處事會小心翼翼有如冬天走在有薄冰的水面；時時警惕自己，像保衛國家不受鄰國侵犯一樣；待人恭敬鄭重，有如去赴宴作客一般；處事灑脫自在，有如冰塊緩緩消融一般；純樸厚道有如未經加工的原料一般；心胸廣闊有如深幽的山谷一般。

如果處在雜沓像濁水的環境時，能否靜靜等待混濁慢慢清朗下來？能否安定下心來，靜靜等待生機的來臨？

獲得並保有這箇「道」的人，不會自滿高傲。也只有不自滿高傲的人，才能除去障礙，並改善而自新。

**解：**

「古」者，以前，從前。「善為道」者，有道德、有德行的人。

「微妙玄通，深不可識」是說德行高深、並且不露鋒芒。

「強為之容」是說以上這種人，勉強可從外表上來形容，因為其深不可測、不露鋒芒故。

本篇所說待人處事之「道」：若冬涉川、若畏四鄰、若客、若凌釋、若朴、若谷等皆屬外門功夫。靜之徐清、靜之徐生則屬止觀、禪定之內門功夫。如是依自然法則，身心內外兼修而不自滿，才能除惡改善，達到微妙玄通、深不可識的境界。

# 第十六章

致虛極，守靜篤；萬物并作，吾以觀復。夫物芸芸，各復歸其根。歸根曰靜，靜曰復命，復命曰常，知常曰明。不知常，妄作凶。知常容，容乃公，公乃全，全乃天，天乃道，道乃久，沒身不殆。

**疏：**

盡力令心靈虛寂並達極至，堅守住身心的清淨不變，如此我們就能觀察到萬物一起蓬勃生長及循環生滅往來。

世間萬物繁雜眾多，最終會恢復到原本。回復到原本謂之寂靜，寂靜之後會再重生，如是生滅往來就是自然不變的道理，知道這箇道理叫智慧。不知道這箇道理，就會輕舉妄動，引來不好的果報。

明白道理的人心胸會廣大，心胸廣大才能坦然公正，坦然公正則能事事周全，事事周全則符合大自然，大自然就是道，道才能恒常不變，如是善為道者，終身都不會受苦受害。

**解：**

老子說道是常，令萬物之生息不絕故。

致虛極守靜篤謂定、謂止。

萬物并作吾以觀復謂禪、謂觀。

知常者悟也！

道是常，悟常者悟道矣！終身受用。

# 第十七章

太上，不知有之；其次，親而譽之；其次，畏之，侮之。信不足焉，有不信焉。悠兮，其貴言。功成事遂，百姓皆謂我自然。

疏：

最好的治國方式是人民不知有統治者的存在；其次是人民會親近並稱讚他；最後是人民害怕他，並且輕蔑他。因為統治者的誠信不夠，所以人民才會不信任他。有能力的統治者應當很悠閒的，因為他不輕易發號施令。這樣做起事來很容易就完成了，人民也會認同這是理所當然的事，我們本應如此。

解：

老子有顆仁義之心，為天下眾多百姓故，認為統治者能影響到百姓的生活，所以本章說明君主的政治方式要處無為之可，行不言之教。並說最高上的治國方式，是人民不知君主的存在。

《帝王世紀》一書中提到：

帝堯之世，（百姓）日出而作，日入而息、鑿井而飲，耕田而食，帝力於我何有哉？

帝堯之世，其政無為，其治不言也！太上矣！

# 第十八章

大道廢，有仁義；智慧出，有大偽；六親不和，有孝慈；國家昏亂，有忠臣。

**疏：**

社會秩序制度的荒廢，才有提倡仁義的需要。大眾之中，人人都急於表現聰明巧智時，就會有欺騙偽詐的事發生。有家庭糾紛出現，才能顯示何者為孝，何者為慈。國家有動亂搖盪時，才能顯示忠貞愛國之士。

**解：**

有仁義大道不廢；認清真偽是智慧；有孝慈六親和睦；有忠臣國家安定。即此為自然法則——道。

# 第十九章

絕聖棄智，民利百倍；絕仁棄義，民復孝慈；絕巧棄利，盜賊無有。此三者以為文不足，故令有所屬，見素抱樸，少私寡欲，絕學無憂。

**疏：**

統治者要拋棄聰明才智，不自作聰明在法制上作巧詐，人民才能得到更多更好的利益。
統治者要拋棄假仁假義，人民才能父慈子孝和睦相處。
統治者要拋棄巧詐謀私，天下才會沒有盜賊。
如果用這前三者來作為治理天下的法則，尚嫌不足，所以要讓百姓有所依歸的話，必須要先自身保持純潔樸素，減少私欲雜念，後而拋棄聖智、仁義、巧利等虛偽假學，才能順暢無阻的治國。

**解：**

本章接續上章的治國之道。強調君主治國不可作表面工作，要從本身的德行上作改進。
「素」者，未染之布。「樸」者，未雕之木。
素樸者，自然本性也！

絕學的意思是斷除假道學。假道學即已染、已雕之物，故有「返樸歸真」一說。

# 第二十章

唯之與阿，相去幾何？美之與惡，相去若何？人之所畏，不可不畏。荒兮，其未央哉！眾人熙熙，如享太牢，如春登台。我獨泊兮，其未兆，沌沌兮，如嬰兒之未孩；儽儽兮，若無所歸。眾人皆有餘，而我獨若遺。我愚人之心也哉！俗人昭昭，我獨昏昏；俗人察察，我獨悶悶。澹兮其若海，飂兮若無止。眾人皆有以，而我獨鄙。我獨異於人，而貴食母。

## 疏：

恭敬的應諾與責備呵叱之間有多大的差別？

美麗與醜陋之間又有多大的差別呢？

人人都認同的事，大家就會不得不關心。這種風氣習慣自古以來就沒有停止過。

眾人興高采烈的像在享受豐盛的餐宴一般，有如春天來臨登高眺望。而我卻單獨地處於淡泊寧靜，無動於衷一點表徵都沒有。

我就是這樣迷迷糊糊的像個未成長的嬰兒；懶懶散散的像個沒有固定居所的浪子。

眾人都富足有餘，而我卻貧乏不足，只有一顆純真直率的心。

世俗的人都智巧光耀而自炫，我卻愚昧昏暗的默默無聞；世俗的人都嚴厲苛刻的指責他人，只有我淳厚寬容的不發一語。

世間人像大海般洶湧遼擴，世間事有如急風吹動不已。每個人都精明能幹有所作為，而我卻只是愚昧笨拙無所作為。

我就是如此與俗人不同，關鍵是我得到了自然的源頭——道。

解：

眾人皆在世間相對的事物中作計較取捨，唯獨老子心如止水無動於衷。

其心境如嬰兒之未孩。「孩」，同「咳」，笑聲。還不會發出笑聲的嬰兒，其心之純樸可知一般。

老子之異於俗人乃在於「貴食母」。

貴，關鍵。食，吸收運用。母，源頭，真理。

得道者如斯也！

# 第二十一章

孔德之容，惟道是從。道之為物，惟恍惟惚。惚兮恍兮，其中有象，恍兮惚兮，其中有物；窈兮冥兮，其中有精，其精甚真，其中有信，自今及古，其名不去，以閱眾甫，吾何以知眾甫之狀哉？以此。

疏：

偉大的能量是怎樣的形態呢？就是從道而生成出來的。
「道」這箇東西，好像有，又好像沒有。
就在這有但好像沒有之間，可令人查覺其動態。
就在這似有似無當中，它是有實體存在的。
就在這深廣幽暗當中，藏著精密細緻的質量。
這箇精密細緻的質量，是天地萬物中最真實的。
所以我們能夠從以上對「道」的形容來驗信它。

從現在追溯到古代，它的名稱是不能被廢除的，依據它，才能夠觀察天地萬物的源頭。

我是如何知道萬物的初始形成呢？
就是依據這箇啊！

解：

老子形容道的體與用，道是體，德謂用，是其先前所說的生養天地之自然無為的力量，隨順此無為而為，謂為遵守道德之君子也！

# 第二十二章

「曲則全，枉則直，洼則盈，敝則新，少則得，多則惑。」

是以聖人抱一為天下式。不自見，故明；不自是，故彰；不自伐，故有功；不自矜，故長。

夫唯不爭，故天下莫能與之爭。

古之所謂「曲則全」者，豈虛言哉？誠全而歸之。

**疏：**

「委曲最後得以保住全部；被屈辱冤枉，到最後則能得到平反直伸。

處低窪的地方，才能獲得充盈；保留陳舊，才能得到更新。

少取則有收獲，貪多則會迷惑。」

聖人就是抱守這一個道理，來作為治理天下的模式。

不自我表揚，所以才能突顯其才能幹練。

不自以為是，所以才能是非分明而公正。

不自我誇耀，所以才能表現出功勞。

不自我驕滿，所以才能顯現長處。

就是因為不與人爭，所以天下無人能和他爭。

古人所說的：「委曲則能保全」的話，怎會是空話呢？這些都是實實在在全部可以作到、達成的。

解：

有智之人，觀陰陽道法，信解行證，名聖人也！

# 第二十三章

希言自然，故飄風不終朝，聚雨不終日。孰為此者？天地。天地尚不能久，而況於人乎？故從事於道者，同於道；德者，同於德；失者，同於失。同於道者，道亦樂得之；同於德者，德亦樂得之；同於失者，失亦樂得之。信不足焉，有不信焉。

**疏：**

正直合理的政令才符合自然規則，因為狂風刮不了一個早晨，暴雨也不會整天下不完。誰使它成為這樣子呢？天地也！天地形成的狂風暴雨尚且不能長久，何況是人為的暴政？

所以從事於道的人，便和道在一起；從事於德的人，便和德在一起，從事於失的人，便和失在一起。與道站在同一邊的人，道也會願意與他站在一起；與德站在同一邊的人，德也會願意與他站在一起；與失站在一起的人，失也會自然而然與他站在一起。統治者若誠信道德不足的話，就會有百姓不信任他，而失掉天下。

**解：**

此章告誡統治者，從政管理天下必須「希言自然」。希言，指的就是政令，治理百姓的言說。

意思是說政令要合乎自然的道德。否則即會「失」，失者，失民心，失天下也！

# 第二十四章

企者不立；跨者不行；自見者不明；自是者不彰；自伐者無功；自矜者不長。其在道也，曰餘食贅形，物或惡之，故有道者不居。

疏：

跕著腳根即站立不成；邁太大步即走不了遠路；自以為什麼都知道的人，其實什麼都不明白；自以為聰明的人，其實什麼都作不成；自我吹噓的人，其實什麼事也沒作；自高自大的人並不能成為一個領導者。

在從事道德的人眼中，說是剩下的殘羹剩飯或是多餘的身體贅肉，類似以上這些事，皆令人厭惡的，所以有道德的人是不會去作的。

解：

本章在說明什麼是違背自然的事情，若背離道德的表現與作法，會是怎樣的結果。

餘食，即廚餘、餿食。

贅形，身上長出多餘的肥腫之肉塊。

企，跕腳根。立，筆直站著。

跨，雙腳邁開。行，走遠路。

自見，自己認定的知見。不明，瞎子。
自是，固執己見。不彰，毫無效果。
自伐，自誇。無功，沒有業蹟。

# 第二十五章

有物混成，先天地生。寂兮寥兮，獨立而不改，周行而不殆，可以為天地母。吾不知其名，強字之曰：道，強為之名曰：大。大曰逝，逝曰遠，遠曰返。故道大，天大，地大，人亦大。域中有四大，而人居其一焉。人法地，地法天，天法道，道法自然。

**疏：**

大意是說有一種東西是混然天成的，本來就自在的，而且是天地萬物未形成之前，祂就已經存在了。這東西非常安靜，也沒有相貌，不必依靠其他的東西自己就存在，而且恒常不變異，循環運行永不衰竭，可以生顯出天地萬物，猶如是世間的母親。我不知道祂叫什麼名字，勉強說祂是「道」，或勉強說祂的作用叫作「大」。

「大」是因為無量無邊的性用；性用運作不停；運作不停又可以回到原點。所以說道大、天大、地大、人大。世間萬物含蓋此四大，而人是居於其中之一也！人跟隨於地，地跟隨於天，天跟隨於道，道所跟隨的是看不見、摸不到的自己形成的力量。

解：

本文說明「道」的「體」是寂靜而無形相的，但卻能生顯眾生與天地萬物。即此能生顯天、地、人等「性」用，無量無邊，被老子稱之為「大」也。

道之無量性用，名為功德。道有性用故曰：「道德」。

# 第二十六章

重為輕根，靜為燥君。是以君子終日行不離輜重，雖有榮觀，燕處超然。奈何萬乘之主，而以身輕天下？輕則失根，躁則失君。

疏：

大意是說隱重是輕率的根本，寂靜安定是躁動不安的主宰。因此君子終日行走之際，不離裝載行李的車輛，雖然到處可見到好看的境相，却不為心動而處之泰然。為何擁有兵車萬輛的君主，還要輕率躁動的治理天下呢？輕率就失掉了根本，而躁動更是會失去統御領導也！

解：

本文說明君子應該要像「道」一樣安靜隱重，隨順「道」的不動如如，於日常生活中雖「不離輜重」，雖有誘人的「榮觀」境相，但能不染著的「燕處超然」。縱然是一國之君，若是不能如此，也會失去根本原則，以及掌控的能力，亦即不符「道」之「德」也！治身、治國皆無是處矣！

# 第二十七章

善行，無轍迹；善言，無瑕讁；善數，不用籌策；善閉，無關楗而不可開；善結，無繩約而不可解。

是以聖人常善救人，故無棄人；常善救物，故無棄物。是謂襲明。故善人者，不善人之師；不善人者，善人之資。不貴其師，不愛其資，雖智大迷，是謂要妙。

疏：

大意是說善於行走的人，輕行而不留痕跡；善於言說的人，語句當中沒有垢病；善於計數的人，不必用竹冊籌碼作為工具；善於關閉的人，不必用栓梢就能令人打不開；善於捆綁的人，不必用繩索就能令人解不了結。

所以有道德的人經常救助他人，沒有被他遺棄的人；也能經常物盡其用，而沒有被他廢棄的物品。

所以善人可當作惡人的老師；不善之人可以當成善人之借鑑。若是不知道向善人學習，當他是自己的老師，又不知以不善之人，作為自己的借鑑，雖然自認聰明，其實是迷痴之人，這就是重要而微妙的道理。

解：

本文說明有能力的智者，能夠善巧方便，猶如道之德性，濟助眾生無有棄者，運用之物，無有棄物。視善為師，視不善為鑑，方是有「用」無「受」也！

# 第二十八章

知其雄，守其雌，為天下溪。為天下溪，常德不離，復歸於嬰兒。知其白，守其黑，為天下式。為天下式，常德不忒，復歸於無極。知其榮，守其辱，為天下谷。為天下谷，常德乃足，復歸於樸。樸散則為器，聖人用之，則為官長，故大制不割。

**疏：**

大意是說做人處事要知道如何是剛強，但卻顯示柔弱，寧願像天底下的溪流一般；若能像溪流隱剛示柔的話，恒常的德性就不會失去，並且恢復到像嬰兒一般的單純潔淨。

要知道什麼是光明的，但依舊不放棄在黑暗中的人、事、物，寧可作為天下人的榜樣。若作為天下人的榜樣，恒常的德性就不會錯失，並且恢復到「道」的無遠不至之用也！

也要深知什麼是榮耀，但能安守於卑微屈辱的地位，寧可像天下低窪的川谷一般。若能如此處於天下低谷的位子，恒常的德性就能圓滿充足，並且恢復到原來真實純樸之本質。

道之原來本質，起了性用，則有各種器物生顯，賢聖之人利用祂，則能教導眾生，因此與道之德性不可分割。

**解：**

本文說明「道」之「德性」，亦即「道」於無時無刻生顯作用之際，並無取捨與分別。有智之人應從相對的萬法之中，知曉兩邊，而行於中道。即此中道名為「大」；即此中道之性名為「制」，聖人不與此「大制」分割也！

# 第二十九章

將欲取天下而為之，吾見其不得已。天下神器，不可為也，不可執也。為者敗之，執者失之。是以聖人無為，故無敗，故無失。夫物或行或隨；或歔或吹；或強或羸；或載或隳。是以聖人去甚、去奢、去泰。

**疏：**

大意是說想要取得天下，並強行掌控，在我看來是行不通的。因為刻意的想擁有掌握天下的權利，是不能強行，亦不能霸持的。若是強行則會敗亡；若是霸持，則會失去天下。

所以賢聖之人無為而為，因此沒有敗亡，也不會失去天下。

眾生種性不同，有的前行，有的後隨。有的輕噓，有的急吹。有的強盛，有的羸弱。有的安居，有的危殆……。所以賢聖之人不會採取極端的、奢侈的、過度的那些手段來作事。

**解：**

本文說明聖人之「無為」，並非如草木之無有作為，而是不要刻意強行妄為。眾生根器不同，君子隨順種種因緣，方能安處天地之間，不失、不敗天下也！

# 第三十章

以道佐人主者，不以兵強天下，其事好還。師之所處，荊棘生焉。大軍之後，必有凶年。善有果而已，不敢於取強。果而勿矜，果而勿伐，果而勿驕，果而不得已，果而勿強。物壯則老，是謂不道，不道早已。

**疏：**

大意是說用「道」來輔佐君主的人，不會用重兵來強壓天下百姓，因為這樣會反彈回到自己身上。大軍所到之處，農作物都燒毀了，剩下遍地荊棘雜草而已；大軍走後，來年就產生飢荒。善於用兵的人，只要達到目的就停了，不會好鬥逞強。達到目的以後，也不會認為了不起；達到目的以後，也不再征伐；達到目的以後，不會驕傲，因為用兵是不得已的事，不是為了表現自己的強大。事物若是過於強大，則會走向衰竭敗老，這樣就不符合於「道」。不符合於「道」的話，就會很快滅亡了。

**解：**

本文說明，不論一國之君，就是輔佐君主的臣子也一樣，要追隨「道」之「德」性，縱然用兵也是不得已，勿傷百姓。

# 第三十一章

夫兵者，不祥之器，物或惡之，故有道者不處。君子居則貴左，用兵則貴右。兵者不祥之器，非君子之器。不得已而用之，恬淡為上，勝而不美，而美之者，是樂殺人。夫樂殺人者，則不可得志於天下矣。吉事尚左，凶事尚右。偏將軍居左，上將軍居右。言以喪禮處之。殺人之眾，以悲哀蒞之，戰勝以喪禮處之。

**疏：**

大意是說兵器是不吉祥的東西，多數人都厭惡它。所以有「道」之人不會使用這種東西。

君子平時居處時若以左邊為貴，用兵打仗之際，便要以右邊為貴，這樣才能為相對的一方著想，而面面俱到。兵器是不祥之物，不是君子所用的器具，這是不得已時，才使用的東西。最好是處之淡然，勝利了也不用得意，若是自認為了不得，就表示你喜歡殺人。喜歡殺人的人，就不可能得志於天下。

吉慶之事以左邊為重，凶喪之事則以右邊為重。副將居左、正將居右，即此說明要有喪禮儀式來處理打仗的事情。戰爭之中難免殺了許多人，心裡要有悲傷與哀痛，打了勝仗，也應該舉行喪禮來哀弔那些死去的人。

解：

本文說明戰爭與使用兵器，並非值得誇耀的事，而是不得已的事。縱使打了勝仗，非但不能得意高興，反而要舉行喪禮來哀弔已逝之人。

註：居左居右、尚左尚右，爲古代禮儀。

# 第三十二章

道常無名，樸。雖小，天下莫能臣。侯王若能守之，萬物將以自賓。天地相合，以降甘露，民莫之令而自均。始制有名，名亦既有，夫亦將知止，知止可以不殆。譬道之在天下，猶川谷之於江海。

疏：

大意是說「道」這個東西，恒常自在，卻不能形容祂，祂是萬物能夠生顯的基本東西，雖然細微到看不見、摸不到，但是天下世間，無有一樣能超越或掌控祂的東西。諸候君王如果能守護這個道的德性，天下百姓將會自然而然的歸順服從。天地配合運作，降下甘雨，不必人們的指使，甘雨自然而然的平均分佈，降於各處。

治理天下，最初一定要設立體制，依此制度確立名稱職位，各司其事。既然有了名分與權責，就要有所制約，適可而止，不可逼壓百姓。如此知道制約、適可而止，就不會發生危險動盪。就像道之德性一樣，能使河谷溪流，納入江海之中，完全歸順也！

解：

本文說明治理天下要隨順「道德」，道之功德性用，無為而為，生顯萬法。

# 第三十三章

知人者智，自知者明。勝人者有力，自勝者強。知足者富，強行者有志，不失其所者久，死而不亡者壽。

疏：

大意是說能夠了解別人叫智慧，能夠了解自己叫聰明。勝過別人是因為用功；控制自己，勝過自己才是勇敢堅強的人。知道滿足的人才是富有的人；勇敢堅強，努力不懈才是有志氣的人。能如此保持原則的人歷久而不衰，就像我們身上的道德，雖然身軀死亡了，祂依舊存在，這才是真的長壽。

解：

本文說明做人的道理，要了解別人，更要了解自己；勝過別人，也更超越自己，守住道之德性，雖身死，而「道」猶存，留住「真我」，方是長壽也！

# 第三十四章

大道氾兮，其可左右。萬物恃之以生而不辭，功成而不有。衣養萬物而不為主，常無欲，可名於小；萬物歸焉而不為主，可名為大。以其終不為大，故能成其大。

**疏：**

大意是說有無量功德性用的大「道」，就像大江大河一樣有無數支流，遍佈在主流的左右，綿延廣流四面八方，萬物皆依賴其滋養生長，是故不能離開祂。

大道成就如是功德而不占有功德；祂養育著所有萬物，但不自認為是主人。如是恒常無有欲求染著，可以稱之為「小」。萬物都由祂生顯，歸攝於祂，但祂卻不認為自己就是主宰者，所以稱之為「大」。因為祂由始至終皆不自認為「大」，所以才能成就祂偉大的性用。

**解：**

本文說明能生顯萬法，却不染著萬法，唯是恒常展現清淨的偉大性用。

# 第三十五章

執大象，天下往。往而不害，安平太。樂與餌，過客止，道之出口，淡乎其無味，視之不足見，聽之不足聞，用之不足既。

**疏：**

大意是說若能守護住於道的「大」功德的人，天下眾生皆會來依靠。來此依靠者都能不相矛盾妨害，並且得到和平、安隱、寧靜。音樂和美食，能令路過之人止步，而說到「道」這東西時，却是平淡無味的。

因為祂看也看不見、聽也聽不到，可是却有無窮盡的作用。

**解：**

本文說的「大象」，指的是道之德性，其象謂大也！「執」者，守護、隨順也！「執大象」就是隨順「道德」者，如是之人，能令善男子善女人聚集向往。然凡夫眾生唯有執著欲求財色名食睡等，若論及「道」，則索然無味，不知其用也！

# 第三十六章

將欲歙之，必固張之；將欲弱之，必固強之；將欲廢之，必固興之；將欲取之，必固與之。是謂微明，柔弱勝剛強。魚不可脫於淵，國之利器不可以示人。

疏：

大意是說想要收斂一樣東西時，必須先擴張它；想要削弱它，必須先加強它；想要廢除它，必須先振興它；想要得到它，必須先給予它。

這樣稱作「微妙看不見，却光明正大的表現」，物極必反，柔弱却能戰勝剛強。國家的法制也不該拿來壓迫百姓。

解：

本文說明天地世間皆為陰陽合和之事物，吾人處此相對之中，應從中思惟觀察，不可執守一邊，因為萬法變異無常，物極必反故。凡事不可示強，唯有示弱能潛移默化眾人，國法亦復如是。

# 第三十七章

道常無為而無不為，候王若能守之，萬物將自化。化而欲作，吾將鎮之以無名之樸，鎮之以無明之樸，夫將不欲。不欲以靜，天下將自定。

**疏：**

大意是說「道」是恒常不變的，看似如如不動無所作為，但是世間萬物，沒有一物不是由祂生顯出來的。

諸候君主若是能守住祂的德性，依此治理天下，則百姓自然而能自我約束、自我改進。若在自我約束改進當中，尚有染著貪欲，則要以「道」的清淨本質來克服它；用「道德」的能量克服不淨的欲望以後，貪染習氣就不見了。如此百姓無有欲求，天下自然達到安寧、隱定。

**解：**

本文說明「道」之「德性」乃是本自清淨，無為是道之體；無不為是道之性，兩者合稱「道德」，道之德性是也！

即此道德用於修身、治國皆得清淨安隱也！

吾人本是候王，掌管自己身心天下，若隨順道德，則自化矣！

# 第三十八章

上德不德，是以有德；下德不失德，是以無德。上德無為而無以為；下德無為而有以為。上仁為之而無以為；上義為之而有以為。上禮為之而莫之應，則攘臂而扔之。故失道而后德，失德而后仁，失仁而后義，失義而后禮。夫禮者，忠信之薄，而亂之首。前識者，道之華，而遇之始。是以大丈夫處其厚，不居其薄；處其實，不居其華，故去彼取此。

疏：

大意是說具備上好德性的人，不會刻意表現在外表，其實這樣才是有德性的人；而那下等德性的人，常常表現出自己不失德性的樣子，其實是無德性的人。

上德之人隨順因緣之際，毫無刻意做作；下德的人看似隨順因緣，却是刻意表現出來的。

若是無有道德，應心存仁慈而不說出來，或去做些幫助別人的事，表現有所作為。不要像偽君子一樣，只做表面很有禮儀的樣子，要是別人不回禮，就立刻翻臉拽住別人問罪。

所以沒有道，也要有德；失德之後也要有仁心；失仁心後，也要有義行。若連仁義都沒有了，就只剩下禮儀的表面功夫。

「禮」這東西，是忠信不足的產物，並且是引生禍亂的始作俑者。

有些人好像比誰都懂，看似有先見之明，其實所知道的，都只是「道」一生顯出來的華麗虛幻之相，因此有了愚痴。

所以大丈夫應該立身於敦厚真實的「道德」，不應住於淺薄的華麗境相。因此要捨棄虛華空相，採取敦厚實相。

**解：**

本文說明修心養性乃須依道之德性，無為而為。與佛所說明心見性，隨順真如，而能無所住而生其心，兩者有異曲同工之妙處。又說道之德性才是最高的內門功夫，外表功夫所為的仁、義、禮皆是等而下之的。

# 第三十九章

昔之得一者，天得一以清；地得一以寧；神得一以靈，谷得一以盈；萬物得一以生；候王得一以為天下正。其致之也，謂天無以清，將恐裂；地無以寧，將恐廢；神無以靈，將恐歇；谷無以盈，將恐竭；萬物無以生，將恐滅；候王無以正，將恐蹶。故貴以賤為本，高以下為基。是以候王自稱孤、寡、不谷。此非以賤為本耶？非乎？故至譽無譽。是故不欲琭琭如玉，珞珞如石。

疏：

大意是說從來就是與道共存的一切器世間，就像是天因為有了道，才能清明；地有了道，才能寧靜；神（人）有了道，才能靈活著；河谷有了道，才能充盈；萬物有了道，才能生長；君王有了道，才能為天下領袖。

推敲其終究來說，天若無清明，恐怕就會崩裂；地若不寧靜，恐怕就會震潰；人若無靈性，恐怕就會滅絕；河谷若不充盈，恐怕就會乾竭；萬物不能生長，恐怕就會消滅；君王不能領袖天下，恐怕就會傾覆。

所以「貴」是以「賤」為根本；「高」乃是以「下」為基礎。所以君王都自稱為「孤」、「寡」、「不谷」，這不就是以「賤」為根本嗎？不就是以「下」為基礎嗎？

因此最高的榮耀，無須稱讚美譽，就像是不去追求晶瑩剔透的寶玉，而寧可是一顆堅硬平凡的石頭一般。

解：

本文說明萬法不離道，離道則無萬法。文中「得一」，就是「得道」的意思。亦即佛經所說的「一」即一切，一切即「一」的「一」。

「神」得一以靈，「神」指的是眾生。

貴以賤為本，高以下為基，是說眾生只見眼前的高、貴，却看不見背後的根本與基礎，那箇才是最重要的。也就是說沒有「道德」，那來「高貴」？

一切法都由道而生顯，此道是唯一的。即此而說一切法即是一，一即是一切法。是經中所說「不異」也！

## 第四十章

反者道之動，弱者道之用。

天下萬物生於有，有生於無。

**疏：**

大意是說道在運行的時候，是不斷循環無始無終的在動。祂在作用的時候微細到令人看不見。

天下萬物能夠生顯，是因為「有」性用的關係，而這個「性用」却是來自看不見、摸不到的「道」。

**解：**

萬物由「德性」故生，「德性」來源於「道」。

看不見摸不到謂「空」，事實存在謂「有」。

# 第四十一章

上士聞道，勤而行之；中士聞道，若存若亡；下士聞道，大笑之。不笑不足以為道。故建言有之：明道若昧，進道若退，夷道若纇。上德若谷；大白若辱；廣德若不足；建德若偷；質真若渝。大方無隅；大器晚成；大音希聲；大象無形；道隱無名。夫唯道，善貸且成。

疏：

大意是說上等智慧的人，聽聞道之德性已，便能勤奮的依祂而修行；中等智慧的人，聽聞以後，一知半解，將信將疑；下等智慧的人，聽聞以後，不但不信，反而心生嘲笑。

若是不被人嘲笑，那就不叫作「道」了。

所以古人有立下這樣的名言：

道的德性是清淨明亮的，眾生不知，所以就像處於暗處一般。

道在作用時，循環不已，眾生不知，所以將往前當成後退。

道的德性在生顯萬法之際，皆平等無有分別，眾生看到的却是各種不平的境相。

道的德性猶如空谷，潔白清淨之中却能容納污垢。道的德性有無限大，大到好像還不夠充足一樣。

道的德性作用無窮之際，其體却如如不動，好像很偷懶的樣子。眾生把祂這種純真的本質，反而當成了污濁。

道的功德性用之範圍是沒有邊際角落的；祂在成就萬法時，是慢慢漸漸的最後才大功告成，因此有聲音，也聽不到、有形像也看不見。「道德」就是這樣隱藏於世間，無法形容祂。唯有「道」這個東西，才能給予萬物如此自然順利的生顯矣！

**解：**

本文說明道的體性乃是真空妙有、不動而善動、無為而為……。唯有上品人可知，並隨順其德性而能修行；中品人半信半疑；下品人則不信而取笑。若是易知易證，則不稱為「道」了。

# 第四十二章

道生一，一生二，二生三，三生萬物。萬物負陰而抱陽，沖氣以為和。人之所惡，唯孤、寡、不谷，而王公以為稱。故物或損之而益、或益之而損。人之所教，我亦教之。強梁者不得其死，吾將以為教父。

疏：

大意是說能生顯萬法的道，因為不依他法而自在故，說祂為「一」。

此「一」產生作用之際，能生為陰陽相對的「二」，然後間接的由「二」轉變為第「三」種形態。如是直接、間接、輾轉的，就生顯出一切法了。

所以萬法是在背後有陰，前面有陽的情況下成立的。陰陽二種能量雖相對，但可交融在一起，這是「道」在作用。

人們最厭惡的孤、寡、不谷，反而被那些不孤、不寡、非不谷的君主們，拿來稱呼自己。所以一切事物，常常是因為減損，後而得到增益；或是因為增益，後而得到減損，這就是陰陽於相對中的交融道理。

前人這樣教示我，我亦如此教示後人。人們若不隨順相對而交融的環境，一定要用強勢的手段來滿足自己的話，將會不得善終，我把這樣的道理，當成做人的指導原則。

**解：**

本文說明「道」之德性起用之際，直接、間接、輾轉的生顯出一切法。而世間萬法由道所變現的陰陽能量產生故，世間所有境相皆是相對的。有好就有壞、有善就有惡、有高就有下、有貴就有賤……。所以不必強取豪奪，非要怎樣不可，若不隨順「道」，則無善終。

# 第四十三章

天下之至柔，馳騁天下之至堅。無有入無間，吾是以知無為之有益。不言之教，無為之益，天下希及之。

**疏：**

大意是說天底下最柔細的東西，才能夠穿梭於最堅硬的東西之間；細微到看不見的能量，才能出入沒有間隙的物質。我因此知道「無為」的好處，及「無言」的教示，無為的益處，普天之下，少有能跟上祂的。

**解：**

本文說明最細微的東西，才能穿透最堅固的東西，好比電能、熱能等，能透過鋼鐵金屬。祂們在作用時，是看不見的，故說「無為而為」。所以在古訓中常說「言教不如身教」，不用言語的教導，而事實上已經在教導了。

即此應知「心法」重於「色法」，「質」「能」有別。

# 第四十四章

名與身孰親？身與貨孰多？得與亡孰病？甚愛必大費，多藏必厚亡。故知足不辱，知止不殆，可以長久。

**疏：**

大意是說名聲與身命，何者親切？身命與物質錢財，何者重要？獲得與丟失之間，何者有害？過份的追求，將會付出許多代價。過份的累積物質財富，或追求名聲，反而會遭受身命的嚴重損失。所以適可而止、知道滿足才不會受傷害及遇到危險，也才能保住長久平安。

**解：**

本文說明隨順因緣，切莫強求，順道而行，可保長住久安。

# 第四十五章

大成若缺，其用不弊。大盈若冲，其用不窮。大直若屈，大巧若掘，大辯若訥。靜勝躁，寒勝熱。清靜為天下正。

**疏：**

大意是說最圓滿的東西——道，看起來好像有缺陷，但是德性卻永不出錯。祂最為充實，看起來卻是像空無一物，但是有無窮盡的作用。

祂最正直，卻似彎曲；祂最靈巧，卻似笨拙；向祂學習的話，最卓絕的辯才，不是強詞奪理，而是看似不善言辭。因為清靜能克服躁動不安、寒冷能夠克服酷熱。

以此清靜無為，隨順道之德性，才能導正天下也。

**解：**

本文說明陰陽相生相剋之理，柔能克剛，大智若愚，凡事不可強出頭。隨順道之德性，看似有為，卻是無為；於無為之中，現大有為也！

# 第四十六章

天下有道，却走馬以糞；天下無道，戎馬生於郊。禍莫大於不知足；咎莫大於欲得。故知足之足，常足矣。

**疏：**

大意是說治理天下若是合乎道的話，用來打仗的馬匹，就能退還於田園之間，作耕地施肥的事。若治理天下不合乎於道，則戰亂四起，連戰馬都要隨著戰爭，而在荒郊生小馬。人們最大的禍害就是不知道滿足；其最大的過失就是貪得無厭的欲望。若是知道夠了，就滿足了。這樣就永遠都活在幸福滿足的日子當中。

**解：**

本文說明戰爭禍事，皆因人的貪欲引生的，因為沒有隨順道的德性故，連懷孕的母馬都要上戰場，只能在郊野之地產下小馬。藉此說明民生之苦。

反之，能令戰馬回歸田園，則民生可以富足安樂。因此，人若知足無貪，方有安定家國。

## 第四十七章

不出户，知天下；不窺牖，見天道。其出彌遠，其知彌少。是以聖人不行而知，不見而明，不為而成。

**疏：**

大意是說不必出門，亦能知天下事；不必推開窗戶往天上看，也能知曉日月星辰的運行軌跡。

若是往外走的越遠，能知曉的東西越少，所以聖賢之人，靜止不行也能知曉道理；不必到處尋找就能心中明白；也不用故意造作，即可圓滿成就。

**解：**

本文說明眾生身中本自有道，不須往外馳求，越是往外，越受境相迷惑。

# 第四十八章

為學日益，為道日損，損之又損，以至於無為。無為而無不為，取天下常以無事；及其有事，不足以取天下。

**疏：**

大意是說做學問的人，世俗的知識會日益增加；修行的人，反而越來越減少了世俗的見識。如此見識越來越減少之後，便變成了處於「無為」之中。

不妄為的「無為」，即能有所作為，治理天下也是如此，不能制定過多的法令讓百姓做事。假如不是這樣做，就無法掌控治理天下。

**解：**

本文說明為學與為道的不同，為學者，世間學問越多越複雜；為道者，知曉世間學問只是一時的道理，隨時隨地都會變更。唯有「道」是唯一真理，永遠不會改變。是故隨順道的德性，無為而為，修身如是，治國亦復如是。

## 第四十九章

聖人常無心，以百姓之心為心。善者，吾善之；不善者，吾亦善之，德善。信者，吾信之；不信者，吾亦信之，德信。聖人在天下，歙歙焉為天下渾其心，百姓皆注其耳目，聖人皆孩之。

**疏：**

大意是說聖賢之人沒有自我的私心，因為以百姓各種不同的心，當成己心。是故不論善或不善的人，我都能善待他們；亦不管守信與否，我亦皆信任他們。這樣才能令他們皆可向善與守信。

聖賢人在其位，能收斂自己的私心，為了天下的心念歸於真樸。因為天下百姓都只在意自己的知見，有「道」之聖者，應該使他們回到嬰孩純潔的狀態。

**解：**

本文說明得「道」聖人，隨順道德，無有分別心，平等對待眾生，教導他們能夠返璞歸真，則天下太平矣！

# 第五十章

出生入死，生之徒，十有三；死之徒，十有三；人之生，動之於死地，亦十有三。夫何故？以其生生之厚。蓋聞善攝生者，陸行不遇兕虎，入軍不被甲兵。兕無所投其角，虎無所措其爪，兵無所容其刃。夫何故？以其無死地。

**疏：**

大意是說人從出生到死亡，長壽的人大概占了十分之三；短命的人，差不多是十分之三；本來可活久一點的，後來却自己走向死亡的人，亦有十分之三。為何會這樣呢？因為過度的養生，而得其反也！

據說那些真正懂得養生的人，就算行走在陸地上，也不會遇到犀牛、老虎等猛獸；或是遇到戰爭時，也不會被兵器所傷害。因為犀牛無法使用利角刺他、老虎也無法伸出利爪抓他、兵器也無法使出利刃……。

為何會如此呢？因為他不進入死亡的領域。

**解：**

本文說明眾生不知「道」，故有生死；縱然追尋長生之術，亦難免死亡，十分之九皆是如此，唯一善攝生者例外。

即此善攝生者，謂得「道」之人也。

得道之人，與道共融，不異不一。不生不死，與道長生也，謂之「攝生」。

# 第五十一章

道生之，德畜之，物形之，勢成之。是以萬物莫不尊道而貴德。道之尊，德之貴，夫莫之命而常自然。故道生之，德畜之，長之育之，亭之毒之；養之覆之。生而不有，為而不恃，長而不宰，是謂玄德。

**疏：**

大意是說萬法乃是由「道」而生顯，由「德性」養育，於是有了各種樣貌出現。

於是萬物莫不以道、德，做為最尊貴的東西。道與其德性之所以被尊貴，乃是因為「道」生顯萬法已，並不加以干涉；以及「德」養育萬法已，並不加以主宰，只是順其自然。

因此，道生萬物、德養萬物、令其生長發展，然後成熟結果；如此撫養、保護萬物。生萬物而不據為己有、養育萬物而不自恃有功德、形成萬物各種相貌而不主宰它們。這就是最玄妙的道之德也！

**解：**

本文再次說明道的體性，說道生顯萬法，卻離於萬法。祂的清淨自性，不分別而能廣分別，故有各種不同相貌、境界之因緣生滅，卻與「道」無涉。這就是眾生不可知的奧妙之處。

# 第五十二章

天下有始，以為天下母。既得其母，以知其子；既知其子，復守其母，沒身不殆。塞其兌，閉其門，終身不勤。開其兌，濟其事，終身不救。見小曰明，守柔曰強。用其光，復歸其明，無遺身殃，是為襲常。

**疏：**

大意是說世間萬法都有一個開始的起點，來作為萬法的根本。曉得什麼是根本，才能明白萬法從何而生；既曉得萬法從何而生，就要把握這個能生萬法的根本，終身受用無有危險。塞住欲念的孔穴、閉住欲念的門戶，終身就不必勞碌煩擾。若是開啟了欲念的孔道，只會增添麻煩困擾的事情，終身都無藥可救。

若是能觀察到最細微的東西，叫做「明」。能夠堅守柔弱，才叫作「強」。

運用「道」的「光」，返照身中的「明」，就不會留給自己災難。這就是恒常不變的「道德」也！

**解：**

本文說明萬物之母為「道」，守住「道」者，能清淨無欲，終身受用。

# 第五十三章

使我介然有知，行於大道，唯施是畏。大道甚夷，而人好徑。朝甚除，田甚蕪，倉甚虛，服文采，帶利劍，厭飲食，財貨有餘，是謂盜竽，非道也哉！

**疏：**

大意是說即使我只稍微知道一些，而守住道的德性，也只害怕會走偏了。

道之德性是正直平坦的路，但是世人卻喜好走邪路。

朝廷若腐敗，百姓的農田便荒蕪，糧倉裡面都是空的。但卻有眾生還穿著華麗的衣服，佩帶鋒利的刀劍，飽餐著美食，搜括財物而有多餘。這是土匪罪魁啊！是多麼無道啊！

**解：**

本文說明老子自己已經認識「道」了，但只是怕稍有差錯，就會走偏邪。

但世人總是不知不曉「道理」，皆行於邪知邪見。眾生無「道」，「盜」即生焉！

# 第五十四章

善建者不拔，善抱者不脫，子孫以祭祀不輟。修之於身，其德乃真；修之於家，其德乃余；修之於鄉，其德乃長；修之於邦，其德乃豐；修之於天下，其德乃普。故以身觀身，以家觀家，以鄉觀鄉，以邦觀邦，以天下觀天下。吾何以知天下然哉？以此。

**疏：**

大意是說善於建樹的人，絕不會拔掉根基；就像善於守住道德的人，絕不會脫離祂的清淨自性一樣。子子孫孫若能像祭祀祖先一般的記住這個道理，「道德」就能綿延不斷絕。

用道來修身，德性即在自身顯現純真；若把這個道理用於家庭，則德性於家庭中現出豐盈有餘；以此道理用於家鄉，則能受到尊崇；若以此道理用於更大的省市都會，則德性能豐盛碩大；乃至用於天下，則道之德性便得到無數普及。

所以用自身所修的德性，來觀察別人；用自家德性來看待他人之家；用自鄉德性來觀他鄉；用自邦德性觀他邦；以天下之道，觀照天下。

我是如何知曉天下情況的呢？就是依照以上所用的道理。

解：

本文說明「道德」是萬物的根本，亦是天下的基礎。抱守道德，則能由修自身、齊自家，乃至治理天下。

老子希望能將「道德」的道理，子子孫孫流傳不絕。

# 第五十五章

含德之厚，比於赤子。毒虫不螫，猛獸不据，攫鳥不搏。骨弱筋柔而握固。未知牝牡之合而朘作，精之至也。終日號而不嗄，和之至也。知和曰常，知常曰明，益生曰祥，心使氣曰強，物壯則老，謂之不道，不道早已。

**疏：**

大意是說道德涵養渾厚的人，就好比是初生的嬰孩一樣。毒虫不螫他，猛獸不傷他，凶狠的鳥不襲擊他。他的筋骨雖是柔弱，但拳頭可以握得很緊。他雖不知男女交合之事，但小生殖器可無欲而勃起，這是精氣充沛的原故。他整日哭啼，但嗓子却不會沙啞，這是和氣純厚的原故。我們應該知曉道的德性淳和無有間斷，稱之為「常」。明白「常」的道理稱之「明」。貪生縱欲就會遭殃，欲念指使精氣，令其耗費就是逞強。人、物過於逞強壯盛，則會變得衰老，如此不合乎道之德性者，謂之「不道」；「不道」就快速死亡。

**解：**

本文說明隨順道德者，能猶如赤子純樸無欲。陰陽調和故，精氣神飽滿故，謂守道而長生也！

# 第五十六章

知者不言，言者不知。塞其兌，閉其門；挫其銳，解其紛；和其光，同其塵，是謂玄同。故不可得而親，不可得而疏；不可得而利，不可得而害；不可得而貴，不可得而賤；故為天下貴。

**疏：**

大意是說聰明的人，沈默而不語；成天說三道四的人，一定不是聰明的人。

能夠塞堵住妄念的孔洞，關閉欲望的門戶，才可以不露鋒芒，而消除煩惱。如是無聲無息的融入像光與塵的道德體性之中，才叫作「得道」之人。

得道之人，已經超脫了親疏、利害、貴賤的世俗，所以是世間稀有者也！

**解：**

本文說明心中清淨無為，與道同行，乃世間少有。「不言」者，道之寂靜；「知者」，見道之人；「和其光」者，見性也；「同其塵」者，明心也！

# 第五十七章

以正治國，以奇用兵，以無事取天下。吾何以知其然哉？以此：天下多忌諱，而民彌窮；人多利器，國家滋昏；人多伎巧，奇物滋起；法令滋彰，盜賊多有。故聖人云：我無為，而民自化；我好靜，而民自正；我無事，而民自富；我無欲，而民自樸。

**疏：**

大意是說治理國家要清淨無為的合乎於道的德性；用兵的時候也要奇巧、詭妙，才能在不傷害百姓的情況下，把國家治理完好。

我怎麼能知曉它的道理呢？我是依據這個：

天下的法律禁忌越多，百姓越窮困。

人民的武器越多，國家越混亂。

百姓的投機伎倆越多，邪風怪事就越鬧得厲害；

法令越是森嚴，盜賊越是不斷增加。

所以有道的聖人說：

我無為，人民就會自我化育；我寂靜，人民就自然會行正路；我無干擾，百姓自然會富足；我無欲求，人民自然就會淳樸。

**解：**

本文說明老子教示君王治理天下百姓，應以無為、寂靜、無事、無欲的道之德性而為之。

## 第五十八章

其政悶悶，其民淳淳；其政察察，其民缺缺。禍兮，福之所倚；福兮，禍之所伏。孰知其極；其無正也，正復為奇，善復為妖。人之迷，其日固久。是以聖人方而不割，廉而不劌，直而不肆，光而不耀。

**疏：**

大意是說政治若是寬厚清明，人民就會淳樸老實；若是政治嚴厲苛刻的話，百姓就會不滿而抱怨。

世間的災禍啊，其實好事就依在它旁邊；世間的好事，常常是隱藏著禍害在裡頭。誰能知道到底是福？還是禍呢？它們並沒有正確的標準。

正的東西會忽然轉變成邪的東西；善良的東西，也會突然變為邪惡的東西。

眾生迷惑在福禍、善惡、正邪……等世間法之中，由來已經太久了。所以有道的聖人，待人處世方正而不失原則，看似有稜有角，卻不傷人；直率但不放肆，光亮而不刺眼。

**解：**

本文說明為政治國，若不順「道」而行，就會種其因而得其果。但「道」者，是「中道」，過與不及皆非也！而世間人皆落於相對的一邊，不知「道」之「德」為「中」也！

# 第五十九章

治人事天，莫若嗇。夫唯嗇，是謂早服；早服謂之重積德；重積德則無不克；無不克則莫知其極；莫知其極，可以有國，有國之母，可以長久。是謂根深固柢，長生久視之道。

**疏：**

大意是說不論是治理天下人民百姓，或從事於調養自己的身心世界，莫過於「珍惜愛護」。

要能有所珍惜愛護，就要事先的準備；這個事先的準備就是要一次又一次的重覆累積道的德性。

能重覆不斷的累積道德以後，就沒有做不成的事了。

什麼事都能圓滿成就時，就會感到道德的力量是無窮盡的。祂能統理國家、能作為治國之根本、又能長治久安。這樣叫作根深不可拔、蒂固不可脫，永遠保持不變。

**解：**

本文說明修身、治國就是要調理自身乃至治理天下，兩者皆不離於珍惜與愛護，是故必須不斷累積道德資糧，以便可以根深蒂固，永續不絕。

## 第六十章

治大國，若烹小鮮，以道莅天下，其鬼不神。非其鬼不神，其神不傷人。非其神不傷人，聖人亦不傷人，夫兩不相傷，故德交歸焉。

**疏：**

大意是說從調理身心乃至治理天下，就像在烹煮小魚一樣，不要去攪動它，以免糊爛掉了。

若是世間有道德蒞臨，籠罩於天下，鬼怪便起不了作用。也不是說鬼怪起不了作用，而是鬼神作用傷不了人。不但鬼神傷害不了人，就連有道的聖人也一樣，因為清淨無為，所以也不會干擾到人。即此兩者，互不相干相害，所以大家都能受到道德的益處。

**解：**

本文說明道德的益處，以道之清淨德性，用之於天下，則不論鬼神乃至聖人，皆如如不動，不干擾眾生。就像烹煮小魚，不去攪動它一樣。

# 第六十一章

大邦者下流，天下之牝，天下之交也。牝常以靜勝牡，以靜為下。故大邦以下小邦，則取小邦；小邦以下大邦，則取大邦。故或以下取，或下而取。大邦不過欲兼畜人，小邦不過欲入事人。夫兩者各得所欲，大者宜為下。

**疏：**

大意是說大的國家要處於謙下之處，像是大海處於江河的下游，使百川歸納交匯於此，這是天下雌柔安靜之處也。雌柔能以安靜而勝過雄躁剛強之不安，所以其靜處於低下，萬物歸納之。因此大國對小國謙下忍讓，就能取得小國的信任和依賴；小國若對大國謙下忍讓，就能取得大國的包容與幫助。所以，或者大國對小國謙讓，而取得小國的歸順；或者小國對大國謙讓，而取得大國的包容。大國也不可過分想要統治小國；小國也不可過分想要依賴大國。這樣雙方才能各得所需，和平交往；尤其是大國更應該處於謙下的位置。

**解：**

本文說明雌——牝意味柔弱安靜、且是謙下，故勝於雄——牡代表剛強急躁、且是傲上。是故高上人應處謙下位。

# 第六十二章

道者，萬物之奧，善人之寶，不善人之所保。美言可以市尊，美行可以加人。人之不善，何棄之有？故立天子，置三公，雖有拱璧以先駟馬，不如坐進此道。古之所以貴此道者何？不曰：求以得，有罪以免邪。故為天下貴。

疏：

大意是說「道」這個東西，能生顯一切法，祂庇護著萬物，卻是隱藏不見。

善的人對祂珍惜如寶，不善的人也要持守著祂，可以受祂庇護。美好的語言可以換來別人對你的尊重，良好的行為可以讓別人加入你的行列。所以那些不善的人，為何要放棄他們呢？

君王登基的時候，會設立太師、太傅、太保等三公，並且先以拱璧在先，駟馬在後的獻禮儀式。但是這樣做，還不如把「道」進獻給他們。

自古以來，人們所以會把「道」看成那樣寶貴，是為什麼？不就是因為想要求得，就可得嗎？不就是得到祂以後，就能免於罪業懲罰嗎？所以天底下的人才如此對祂珍貴。

解：

本文說明道之德性，不論善與不善之人皆可得，因為每個人皆有也。求得此物，便能清淨無欲，自然免除罪業。君王更需要以「道」治理天下，雙手捧玉，然後用四匹馬駕駛的車輛，來作登基、立三公的典禮，不如以「道」作為獻禮來的重要也！

# 第六十三章

為無為，事無事，味無味。大小多少。報怨以德。

圖難於其易，為大於其細；天下難事，必作於易；

天下大事，必作於細。

是以聖人終不為大，故能成其大。夫輕諾必寡信，

多易必多難。是以聖人猶難之，故終無難矣！

疏：

大意是說用道的德性生活著，便可以無為而行有為，所以處理事情很簡單，不會再滋生他事，別人認為有味道的東西，自己也就恬然無味。

大來自於小，多來自於少；應付怨憎要有包容的心態；處理複雜困難的事情，要從簡單的地方下手。實踐宏偉的事業，要從微小做起。天下的大事，都是要這樣由細微做為開端。

所以有道的聖人，始終不自大，才能成就大事。如果自大而輕易承諾，則最後會變成沒有信用；把事情看得太容易的話，勢必遭遇困難重重。聖人都事先把它當成不容易的事來做，所以最終就不會有困難了。

解：

本文說明做人處事，要無為而為，隨順因緣，簡單而平淡，由小而大。心胸寬謙無有所怨，謹慎於細微的地方，不要好高騖遠，不要傲慢自大。這樣才能成就大業。

## 第六十四章

其安易持，其未兆易謀；其脆易泮，其微易散。為之於未有，治之於未亂。合抱之木，生於毫末；九層之台，起於累土；千里之行，始於足下。為者敗之，執者失之。是以聖人無為故無敗，無執故無失。民之從事，常於幾成而敗之。慎終如始，則無敗事。是以聖人欲不欲，不貴難得之貨，學不學，復眾人之所過，以輔萬物之自然而不敢為。

**疏：**

大意是說無有動盪而安定之際，比較容易把持掌控；沒有變異跡象之前，也比較容易籌劃謀略。脆弱的東西，容易消解；細微的東西，容易散失。做事情要在它尚未發生時，之前就要處理妥當；治理國家，也是一樣，在未發生禍亂之前，便要及早做準備。

幾人才能合抱的大樹，生長來於細小的萌芽；九層的高台，是一堆一堆的泥土，慢慢築起來的。千里遠的路途，是從腳下一步步走出來的。

刻意而強行，則導致失敗；頑固的執取，則將失去。所以有道聖人做事，乃是不刻意的隨順因緣而作，就不會有成功或失敗，因為不執著，就沒有丟失。

人們在做事，總是常常在快要完成之前就失敗了。如果能在快要結束的時候，也像在開始的時候，那樣慎重，就不會發生失敗的事情了。

所以有道聖人追求的東西，反而是眾人不要的，他不稀罕大家認為貴重的東西；他所學習的道理，更是大家所不易學、不想學的。如此可以補救眾人經常會犯的過失，並且隨順萬物週遭的因緣，就不失去道的自性了。

**解：**

本文說明繼續前文所說處世之道，做人應腳踏實地，做該作的事，不急於表現，不求得失，慎終如始。

# 第六十五章

古之善為道者，非以明民，將以愚之。民之難治，以其智多。故以智治國，國之賊；不以智治國，國之福。知此兩者，亦稽式。常知稽式，是謂玄德。

玄德深矣、遠矣、與物反矣！然後乃至大順。

**疏：**

大意是說古代善於為道的人，不是教導人民如何智巧投機，而是教他們如何淳厚老實。人民之所以難統治，就是他們投機取巧使用太多了。如果也用投機取巧的方式治理國家，就是國家的災害；反之，不用巧智心機治國，才是國家的幸福。知道這兩種治國的差別，就是法則方式；經常記住這個法則，就是「玄德」，就是奧妙的道之德性也！即此「玄德」，又深又遠，要把世間的事物顛倒過來回到原點，才能符合真實的相貌。

**解：**

本文說明世間顛倒，眾生認為真實的，其實是虛妄的；眾生認為聰明的方法，其實是愚痴的方法。只有返璞歸真，隨順玄德，才是有道之人。

# 第六十六章

江海之所以能為百谷王者，以其善下之，故能為百谷王。是以聖人欲上民，必以言下之；欲先民，必以身後之。是以聖人處上而民不重，處前而民不害。是以天下樂推而不厭。以其不爭，故天下莫能與之爭。

疏：

大意是說江海之所以能成為百川河流所匯往積集的地方，是因為它善處於低下的地方，所以才能夠成為百川之王。因此聖人要領導人民的話，必須用謙下的言語對待人民。想要率先於人民，必須把自身利益放在人民之後。所以有道聖人，雖然身居上位，而人民卻感受不到沈重的壓迫；雖位處人民之前面有利的位置，但人民卻感受不到有任何受害。所以天下人都很樂意的推崇而不覺得厭惡，這是因為聖人不與人民相爭，所以天下無人能與他相爭。

解：

本文解說隨順道德者，寧處謙下卑屈，與世無爭故，天下莫能與之爭也。

# 第六十七章

天下皆謂我道大，似不肖。夫唯大，故似不肖。若肖，久矣其細也夫！我有三寶，持而保之：一曰慈、二曰儉、三曰不敢為天下先。慈故能勇；儉故能廣；不敢為天下先，故能器長。今舍慈且勇；舍儉且廣；舍後且先；死矣！夫慈，以戰則勝，以守則固。天將救之，以慈衛之。

**疏：**

大意是說天下的人都知道說，我們世間的「道」非常大，而且無有形象；因為沒有具體的相貌，不似任何一物，所以能無所不在、性用無邊無量大。

祂若似一物有形象，就不可能恒常不變、細微不見也！

我有三樣來自「道」的法寶：

一是慈愛。二是節儉。三是無我。

若有慈悲愛心，則能無畏無所畏的幫助他人；若能節儉不浪費，才能大方的廣施眾生；若能無我，不敢居於天下人之先，才能成為眾人的榜樣，成為天下的首長。

如今若是捨棄慈悲心，而只是追求勇猛；捨棄節儉，浪費無度而想要廣施眾生；捨棄自我退讓，而與人爭奪。

像這樣的話，天下終究是要滅亡的。

慈悲心尤其重要，用慈悲心可戰勝一切，也可以鞏固一切。老天想要救助誰，就用慈悲心來捍衛他！

**解：**

本文說明「道」之所以能夠稱之為「大」者，乃是體如虛空、無形無相，却能有無量無邊的作用，是其「德」性也。

慈悲是道德之首，平等生顯萬物，無有分別。善惡美醜、貧富貴賤，一樣包容。即此慈悲用以無我布施是「道」。

# 第六十八章

善為士者，不武；善戰者，不怒；善勝敵者，不與；善用人者，為下之。是謂不爭之德，是謂用人之力，是謂配天古之極。

**疏：**

大意是說善於領兵的統帥，不會逞兇鬥狠；善於作戰的人，不是因為報復生瞋恨而打仗；戰勝敵人最好的方法，是不要正面衝突；善用人才的人，會對此人謙下有禮。這就是不與人爭的品德，這就是用人的能力，這就是符合老天最終的自然道理。

**解：**

本文說明戰爭是不得已的事，不是要耀武揚威，或是忿怒報復……，戰爭沒有贏家。唯有不爭不仗，以德服人，方是勝者，道德如是也！

# 第六十九章

用兵有言：吾不敢為主，而為客；不敢進寸，而退尺。是謂行無行，攘無臂，扔無敵，執無兵。禍莫大於輕敵，輕敵幾喪吾寶。故抗兵相若，哀者勝矣。

**疏：**

大意是說會用兵打仗的人，曾經這樣說過：我不會主動去進犯，而採取守勢；我不要進攻一寸，寧可退守一尺。這樣的陣勢，看起來就像沒有陣勢一樣；雖然舉起臂膀，但卻看不見臂膀。所以有敵人而似無敵人，有兵器而似無兵器可執拿一樣。再也沒有比輕敵更大的禍患了，如果是輕敵的話，就失去了前所說的寶貴策略。因此兩軍相抗，實力相當的時候，以不驕而悲的一方，將可獲勝。

**解：**

本文說明做事為人皆應以守為攻，以退為進，方能隱藏能力成就大事。

# 第七十章

吾言甚易知，甚易行。天下莫能知，莫能行。言有宗，事有君，夫唯無知，是以不我知。知我者希，則我者貴。是以聖人被褐而懷玉。

**疏：**

大意是說我所講的話，很容易理解，也很容易就作得到。但是天下人竟有不能理解的，跟作不到的。我所說的都是有主旨的話，要去作的事情，要怎樣作，也都是有根據的。正因為大家不懂，所以才不理解我；理解我的人太少了，能依照我說的去實行的人，就更難能可貴了。所以有道的聖人，看起來表面穿著粗糙破舊的衣裳，可是却懷中藏著無價寶玉。

**解：**

本文說明老子感嘆天下人的無知、無明，不知曉「道」為何物，亦不能隨順其德性，故不能理解老子。難怪他本要棄天下人而去，著破衣，懷著寶玉，騎牛出關。還好在最後，有把寶玉留給後人，讓孔孟等人，也能沾其光。

# 第七十一章

知不知，尚矣；不知知，病也。聖人不病，以其病病。夫唯病病，是以不病。

疏：

大意是說能知道自己還有不知道的東西，知道自己的無知，這樣才是上等的人。

若是自己不知道，却以為什麼都知道，這樣的人是很糟糕的。聖人就沒有這樣的習性毛病，因為他會把這種毛病，當成缺點來改善。也只能如此改善毛病，所以才能夠沒有毛病。

解：

本文說明人要有自知之明，謂智也！

# 第七十二章

民不畏威，則大威至。無狎其所居，無厭其所生。夫唯不厭，是以不厭。是以聖人自知不自見，自愛不自貴，故去彼取此。

疏：

大意是說當人民不再懼怕威權統治的時候，反抗威權的力量就會到來。是故治理天下，要不逼迫到人民不能安心居住，要能不阻礙到人民的生計。

只有這樣子不壓迫百姓，百姓才不會厭惡統治者。

有道之聖人有自知之明，但不表現於外；有自愛之心，但也不自顯高貴，所以會捨棄自我顯貴的知見，而採取自知自愛，無為而為。

解：

文中說明要隨順道德之性，有大威德能掌控天下萬物，却是平和對待，無有欺壓。聖人如是，自知自愛，不強加於別人也！

# 第七十三章

勇於敢則殺，勇於不敢則活。此兩者，或利或害。天之所惡，孰知其故？是以聖人猶難之。天之道，不爭而善勝，不應而善應，不召而自來，繟然而善謀。天網恢恢，疏而不失。

**疏：**

大意是說因果關係很難知曉，好比說勇於逞強的比較快死，勇於柔順的比較活得久，這兩者之間的「勇」，誰有利？誰有害？老天所不喜歡的是什麼，誰能知道原故呢？

有道的聖人也難以解說其中的道理。老天的自然規律是不爭不奪的，然後就完成了一件事；不用多說的，就應允了一件事；不用求祂、召喚祂，祂就來到身邊了，安安靜靜的，就謀劃了世間一切事物。這種能力就如一面天網蓋著世間一般，雖有寬疏的孔洞，但沒有被遺漏的東西。

**解：**

本文說明天下萬物，皆不離於「道」之性用。即此道之性用，產生陰陽互通互融，不異不一，是故現出眾生不可知的因緣果報，令其執受也！

# 第七十四章

民不畏死，奈何以死懼之。若使民常畏死，而為奇者，吾得執而殺之，孰敢？常有司殺者殺。夫代司殺者殺，是謂代大匠斫，希有不傷其手者矣。

**疏：**

大意是說眾生其實不怕死，為何用死來嚇唬他們呢？假如眾生真的怕死的話，對於那些為非作歹的人，我們就把他抓來殺掉，誰還敢為非作歹呢？

經常有專門掌生殺大權的在殺人，若有人代替他殺人的話，就像一般人代替高明的木匠，去削砍木頭一樣。這種代替高明木匠砍木頭的人，很少有不砍到自己手指頭的。

**解：**

本文是暗指眾生造業，則會因為「道」的作用，猶如天網恢恢，終有報應。因緣果報，本就如「道」之有生殺大權一樣，人不可越庖代俎，替代老天殺人。

# 第七十五章

民之飢，以其上食稅之多，是以飢。民之難治，以其上之有為，是以難治。民之輕死，以其上求生之厚，是以輕死。夫唯無以生為者，是賢於貴生。

**疏：**

大意是說人民之所以受到飢餓窮困，是由於政府官員吞吃了太多的賦稅，所以才讓百姓陷於飢餓。人民之所以難統治，也是上面的官員制訂了繁荷的政令，喜歡有所作為，導致難統治百姓。人民之所以輕生冒死，也是上面的官員為了自己過優渥的生活，搜括了民脂民膏，而讓百姓覺得死了也沒什麼。只有不去追求享受的人，比那些過度追求生活的人，要賢明善良多了。

**解：**

本文說明治理百姓者，要潔身自愛，不求物欲，才能造福百姓做個賢人。

# 第七十六章

人之生也柔弱，其死也堅強。草木之生也柔脆，其死也枯槁。故堅強者死之徒，柔弱者生之徒。是以兵強則滅，木強則折。強大處下，柔弱處上。

疏：

大意是說人活著的時候，身體是柔軟的，死了以後身體便變成僵硬了。草木生長時也是柔軟脆弱的，死了以後就變成枯槁乾硬了。所以強硬的東西，和死亡是同一類；柔弱的東西，和生長是同一類。所以用兵逞強，則容易被消滅；樹木強大以後，便會遭受砍伐。所以凡是強大的，一定要處於下位，讓柔弱的處於上位。

解：

本文說明柔可勝剛，弱可贏強。事物之表相，絕非無智之人所見所知也！

# 第七十七章

天之道，其猶張弓與？高者抑下，下者舉之，有余者損之，不足者補之。天之道，損有余而補不足。人之道，則不然，損不足以奉有余。孰能有余以奉天下？唯有道者。是以聖人為而不恃，功而不處，其不欲見賢。

**疏：**

大意是說「道」在自然運行時，祂是否很像在拉開弓箭一樣？若是弦拉得太高了，就把它壓低一些；若是太低了，就再舉高一些；拉得太滿了，就放鬆一些；拉得不夠滿，就再補充一些。

道的德性，就是這樣拿多餘的來補給不足的。

人的德性，就不是這樣了，都已經不足了，還要拿去奉獻給那些有餘的人。誰能將自己有餘的東西，拿出來奉獻給天下人呢？只有有道的聖人吧!?

因為聖人有所作為，成就以後不占為己有，也不居功。他是不想顯現自己的賢明能幹也。

**解：**

本文說明「道」之「德」是平等互補的，如此才能維持世間平衡，就像拉弓一樣。眾生應向「道」學習，當自己有餘時，就應該拿來給不足的人。

治理天下亦應如是，才能太平和樂。

## 第七十八章

天下莫柔弱於水，而攻堅強者莫之能勝，以其無以易之。弱之勝強，柔之勝剛，天下莫不知，莫能行。是以聖人云：「受國之垢，是謂社稷主；受國不祥，是為天下王」，正言若反。

**疏：**

大意是說天底下最柔弱的東西，莫過於水，它能攻克堅強，沒有東西能勝過它，也沒有東西能替代它。弱能勝於強，柔能勝於剛，天下人沒有一個不知道的，但却都做不到。

所以聖人才會說：「能謙下的承擔國家的缺陷，才是人民的主人；能卑微的承擔國家的災難，才是天下人的君主。」這樣正面的話，一般人聽起來，就像反話一樣。

**解：**

本文說明柔弱、謙下、卑微、低調……才是做人的道理，才符合道之德也！

# 第七十九章

和大怨，必有余怨；報怨以德，安可以為善？是以聖人執左契，而不責於人。有德司契，無德司徹。天道無親，常與善人。

疏：

大意是說調解深重的怨恨以後，總會餘留一些小小的抱怨；若是用道德的方式，來應對抱怨的話，對世間的眾生，可能不是最好的解決方式。所以聖人會保留借據的存根，以防抱怨，但不是用來強迫還債。有道德的人，就是像聖人這樣持有借據，但寬容不予壓迫；沒有道德的人，就會像掌管稅賦的官員，嚴苛的催繳欠款。道的德性，不會偏袒任何人，永遠與有道德的人在一起。

解：

本文說明眾生的抱怨爭執不休，都是為了自私的原故。所以口說無憑，便留後患，因而才會立契為據。但有道聖人不會因為持有根據，而逼壓他人，亦即不會得理而不饒人也！

# 第八十章

小國寡民，使有什伯之器而不用；使民重死而不遠徙；雖有舟輿，無所乘之；雖有甲兵，無所陳之。使人復結繩而用之。至治之極，甘美食，美其服，安其居，樂其俗，鄰國相望，鷄犬之聲相聞，民至老死不相往來。

疏：

大意是說希望國家不用太大，百姓也不用太多；即使有各式各樣的器具，也使用不到；人民不會輕易冒著死亡的危險，而向遠方遷徙移往他鄉。

雖然有船隻車輛，卻不必常常使用；雖然有武器兵馬，卻不用佈陣打仗；令人民像是回到上古時候，結繩記事的單純生活。

國家若能治理到最好的時候，人民都吃得好，穿得好，安居樂業快樂生活著。鄰居的國家，都互相看得到，鷄犬的叫聲也互相聽得見，人民到死也沒有往來之鬥爭。

解：

本文是老子感嘆生於衰弱的周朝，希望國家小，人口少也沒有關係，只要人民有安居樂業的日子過就好了。

# 第八十一章

信言不美，美言不信。善者不辯，辯者不善。知者不博，博者不知。聖人不積，既以為人己愈有，既以與人己愈多。天之道，利而不害。聖人之道，為而不爭。

**疏：**

大意是說真實的話不漂亮；漂亮的話常常是不真實的。善良的人不說詭辯的話，說詭辯的話，非是善良之人。有學問的人，不會賣弄知識；賣弄知識的人，不一定有學問。

聖人不會自私或占為己有，幫助別人反而讓自己更充實；盡力給予他人，反而讓自己更增多。

道的德性就是如此，讓天下人有益而無害；聖人隨順道之德性，就是做任何事不與他人爭，名無為而為。

**解：**

本文是老子於結論中再提道德真義，效法「道」之運用特質，有捨則有得，此為道之天經地義也！為而無為，是隨順道德之無住生心也！

道者，佛所說真如也！

老子《道德經》全文完

二〇二〇年四月無知 書

NOTE

NOTE

NOTE

*NOTE*

國家圖書館出版品預行編目資料

道德經說義／葉無知著. --初版.--臺中市:白象文化，2020.10
面； 公分.——（無知行者集；1）
ISBN 978-986-5526-68-9（平裝）
1.道德經 2.注釋
121.311 109010697

無知行者集（1）

**道德經說義**

作　　者　葉無知
專案主編　林榮威
封面插畫　葉無知
出版編印　吳適意、林榮威、林孟侃、陳逸儒、黃麗穎
設計創意　張禮南、何佳諠
經銷推廣　李莉吟、莊博亞、劉育姍、李如玉
經紀企劃　張輝潭、洪怡欣、徐錦淳、黃姿虹
營運管理　林金郎、曾千熏
發 行 人　張輝潭
出版發行　白象文化事業有限公司
412台中市大里區科技路1號8樓之2（台中軟體園區）
出版專線：（04）2496-5995　傳真：（04）2496-9901
401台中市東區和平街228巷44號（經銷部）
購書專線：（04）2220-8589　傳真：（04）2220-8505
印　　刷　基盛印刷工場
初版一刷　2020 年 10 月
定　　價　250 元